Selbstverteidigung und Selbstbehauptung

für Frauen und Mädchen

Jens Müller

Selbstverteidigung

und

Selbstbehauptung

für

Frauen und Mädchen

Im Falle eines Falles ist richtig kämpfen alles

Books on Demand

Selbstverteidigung und Selbstbehauptung
für Frauen und Mädchen

Bibliographische Information der Deutschen Bibliothek:
Die Deutsche Bibliothek verzeichnet diese Publikation in der
Deutschen Nationalbibliographie; detaillierte bibliographische
Daten sind im Internet über
http://dnb.ddb.de abrufbar.

Bildnachweis:
Alle Fotos und Fotobearbeitung:
Detlef Sundermann, Fotojournalist

**Das Buch ist auch in spanischer und englischer Sprache
erhältlich.**

Herstellung und Verlag:
BoD - Books on Demand, Norderstedt
ISBN 978-3-8370-4536-9

Inhalt

Vorwort

Das vorliegende Buch soll Frauen ohne Kampfsporterfahrung
als Hilfsmittel und Anleitung dienen, um sich gegen
Belästigungen oder Angriffe jeglicher Art wirkungsvoll
verteidigen zu können.

Es wurden Techniken ausgewählt, die in kurzer Zeit erlernbar
sind und kein jahrelanges Kampfsporttraining erfordern.

So wurde bewusst auf Wurftechniken verzichtet, um der
Tatsache Rechnung zu tragen, dass eine Frau im Allgemeinen
einem Mann auf Grund der natürlichen körperlichen
Voraussetzungen (Größe, Gewicht, Körperkraft) unterlegen
ist.

Dieser Nachteil wird durch den hohen Wirkungsgrad der
Techniken kompensiert, so dass sich auch eine zierliche Frau
gegen einen größeren, schwereren und kräftigeren Mann
wirksam verteidigen kann.

Auf einen entscheidenden Faktor, der selbst durch dieses Buch
nicht abgedeckt werden kann, sei noch hingewiesen:

Übung macht den Meister bzw. die Meisterin!

Nur häufiges Üben und ständiges Wiederholen kann ein
flüssiges und instinktives Ausführen der Techniken und
Bewegungsabläufe gewährleisten.

Jens Müller   September 2018

Der Autor

Jens Müller, Jahrgang 1964, hat im Alter von acht Jahren mit Judo begonnen, war erfolgreicher Wettkämpfer, ist heute Träger des fünften Dan (schwarzer Gürtel) in dieser Sportart und Inhaber der Trainer-C Lizenz.

Ferner betreibt Jens Müller seit über 20 Jahren Shotokan Karate und seit 15 Jahren Ninjutsu und Modern Self Defense (MSD). Darüber hinaus hat der Autor Kenntnisse in Ju-Jutsu, Tanto-Jutsu (Messerkampf) und Aikido.

Der Autor war mehr als 20 Jahre lang als Trainer und Übungsleiter für Kinder-Judo, Erwachsenen-Judo und rund 10 Jahre lang für Kinder-Karate tätig.

Im Jahr 1987 begann Jens Müller auf Grund seiner vielseitigen Kenntnisse der Kampfkünste, Selbstverteidigungskurse speziell für Frauen zu entwickeln. Diese Kurse setzen sich somit aus den vom Autor praktizierten oben genannten Kampfsport-Systemen zusammen. Diese Frauen-SV-Kurse hatte Jens Müller u.a. mehrere Jahre als Dozent einer Volkshochschule im Rhein-Main-Gebiet durchgeführt.

Heute ist der Autor, der hauptberuflich als Angestellter bei einer Bank in Frankfurt am Main beschäftigt ist, nicht mehr als Übungsleiter und Trainer für Kinder tätig, sondern widmet sich in seiner Freizeit der Frauen-Selbstverteidigung, ist aber auch noch selbst aktiver Kampfsportler.

Jens Müller ist verheiratet und hat einen Sohn. Er lebt mit seiner Familie in der Nähe von Frankfurt am Main.

Rechtliche Grundlagen

Notwehr § 32 StGB

(1)   Wer eine Tat begeht, die durch Notwehr geboten ist, handelt nicht rechtswidrig.

(2)   Notwehr ist die Verteidigung, die erforderlich ist, um einen gegenwärtigen, rechtswidrigen Angriff von sich oder einem anderen abzuwenden.

§ 32 (2) ermöglicht auch die Notwehr für einen anderen. In einem solchen Fall spricht man von der Nothilfe.

Überschreitung der Notwehr § 33 StGB

Überschreitet der Täter die Grenzen der Notwehr aus Verwirrung, Furcht oder Schrecken, wird er nicht bestraft.

Als Überschreitung der Notwehr ist eine Verteidigung zu verstehen, die über die Abwehr eines Angriffs hinaus geht.

Selbstbehauptung

Jeder Mensch hat Angst. Mancher mehr, mancher weniger. Angst an sich ist zunächst nicht unbedingt negativ, da sie dazu dient, den Menschen vor Gefahren zu warnen.

Es gibt zahlreiche Formen der Angst: Platzangst, Prüfungsangst, Angst vor Arbeitsplatzverlust, Angst Fahrstuhl zu fahren, Höhenangst usw.

Daher ist es auch völlig normal, dass z. B. eine Frau, wenn sie belästigt oder gar tätlich angegriffen wird, in dieser Situation Angst verspürt. Diese Angst muss überwunden werden, denn sonst wird man schnell in die Opferrolle gedrängt, aus welcher man nur schwer wieder heraus kommt.

Um aus der Opferrolle auszubrechen ist es jedoch notwendig, sich zunächst mit der Angst auseinander zu setzen.

Wie lernt man also mit der Angst umzugehen? Man muss die Angst zunächst einmal akzeptieren, sich ihr stellen, gegen sie kämpfen und sie besiegen.

Entscheidend ist die mentale Einstellung. „Der Glaube kann Berge versetzen". Dies ist ein sehr bekanntes Zitat. Nun, vielleicht kann der Glaube nicht unbedingt Berge versetzen, aber am Kern dieser Aussage ist durchaus etwas dran.

Man sollte sich vorher mit einer Situation auseinandersetzen und sich mental darauf vorbereiten. Dann wird man nicht mehr überrascht.

Ein Beispiel: Nehmen wir an, ein ca. 50 cm breites und ca. 3 Meter langes Brett liegt auf dem Boden und eine Person soll über das Brett gehen. Kein Problem, das ist leicht zu schaffen. Nehmen wir nun an, dasselbe Brett liegt nicht auf dem Boden, sondern auf zwei 5 Meter hohen Baumstämmen und die Person erhält dieselbe Aufgabe. Immer noch kein Problem?

Wieso jetzt doch? Es ist doch dasselbe Brett, daran hat sich nichts geändert. Es hat sich nichts verändert, außer der Höhe. Aber genau das ist der Punkt. Man denkt darüber nach, was alles passieren könnte.

Genauso ist es in der Selbstverteidigung. Sie müssen sich mental damit befassen und darauf vorbereiten. Sie müssen sich verteidigen wollen.

Jede Frau entscheidet individuell für sich, ob sie sich verteidigen will. Wenn sie sich dazu entschlossen hat, muss sie dies auch konsequent tun. Kompromisslos. Denn nur mit dieser inneren Einstellung wird es auch gelingen.

Wenn die Verteidigung nur halbherzig erfolgt, fehlt die entscheidende Voraussetzung und die Wahrscheinlichkeit einer Niederlage steigt.

Sie müssen den Angreifer nicht gleich umbringen, aber er muss kampfunfähig gemacht werden. Denn bei einer zweiten Attacke des Angreifers haben Sie im Allgemeinen keine Chance, da der Angreifer nun noch agressiver, brutaler und skrupelloser als beim ersten Angriff vorgehen wird.

Jeder Mensch hat eine natürliche Schutzzone. Dies kann man oft z. B. beim Arzt im Wartezimmer beobachten. Wenn im Wartezimmer bereits ein Patient sitzt und ein neuer hinzu kommt, setzt dieser sich normalerweise nicht direkt neben den bereits wartenden, sondern lässt einen Stuhl oder zwei Stühle frei und setzt sich in einem Abstand hin.

Dies hängt mit der natürlichen Schutzzone zusammen. Diese ist auch in der Selbstverteidigung von großer Bedeutung.

Wenn eine Frau z. B. im Dunkeln durch einen Park oder eine einsame Gegend geht, wird sie instinktiv bemerken, wenn eine andere Person ihr zu nahe kommt und in ihre Schutzzone eindringt. Wenn die andere Person in ausreichender Entfernung vorbei geht, wird das auch nicht als Bedrohung empfunden.

Hören Sie also auf Ihr Gefühl bzw. auf Ihren Instinkt.

Ein anderes Beispiel: Sie gehen jeden Abend durch eine dunkle Gegend, ohne Angst zu haben. Aber an einem Abend ist es anders. Aus irgendeinem unerklärlichen Grund haben Sie Angst oder zumindest ein mulmiges Gefühl und möchten an diesem Abend nicht die übliche Strecke durch die dunkle Gegend gehen. Dann tun Sie es auch nicht! Wählen Sie an diesem Abend einen anderen Weg oder ein anderes Verkehrsmittel als sonst. Manche Frauen verfügen über einen sogenannten „sechsten Sinn", d.h. sie haben Vorahnungen. Vielleicht können Sie am folgenden Abend wieder angstfrei die übliche Strecke nehmen.

Ferner lassen sich Konflikte auch durch nonverbales Verhalten vermeiden. Es gibt z.b. den „klassischen Opfertyp". Diese Frauen gehen mit gesenktem Kopf und hängenden Schultern, den Blick nach unten gerichtet, dicht an einer Wand entlang und blicken sich häufig ängstlich um. Dieses Verhalten bzw. diese Ausstrahlung erkennt natürlich ein potentieller Täter und hat sein Opfer damit schon ausgewählt.

Ich komme somit auf das eingangs Erwähnte zurück. Befassen Sie sich vorher mit der Situation. Wenn Sie durch eine dunkle Gegend gehen müssen, machen Sie sich vorher Gedanken über den Weg, welchen Sie gehen wollen oder müssen. Zeigen Sie keine Angst, auch wenn Sie Angst haben. Ein potentieller Angreifer muss dies ja nicht wissen und schon gar nicht gleich auf Anhieb sehen. Schauspielern Sie ruhig ein wenig. Gehen

Sie mit festen Schritten, den Blick geradeaus gerichtet, die Schultern aufrecht. Wenn Sie hinter sich Schritte hören, können Sie ruhig stehen bleiben und sich umdrehen. Aber setzen Sie dabei ein „Pokerface" auf. Es gibt kein Patentrezept, aber manchmal kann es sinnvoll sein, eine hinter sich gehende Person anzusprechen: „Sie da, Sie gehen mir nun schon eine ganze Weile nach, ist irgendwas? Kann ich Ihnen behilflich sein?" Wenn Sie die betreffende Person direkt ansehen, den Blickkontakt halten und Entschlossenheit signalisieren, kann das schon reichen um die Situation zu klären bzw. zu entschärfen. Oder Sie bleiben stehen und lassen die Person vorbei gehen, indem Sie z.B. etwas in Ihrer Handtasche suchen oder ein Telefonat mit Ihrem Handy führen. Ein Tipp: Scheuen Sie sich nicht, in einem solchen Fall die Notrufnummer 110 (Polizeinotruf) zu wählen. Für solche Fälle ist der Notruf und die Polizei da!

Dies wurde mir in Gesprächen mit Polizeibeamten, mit denen ich in meinen Selbstverteidigungskursen zusammen arbeite, ausdrücklich bestätigt.

Es ist auch sinnvoll, sich an- oder abzumelden. Das heißt, wenn Sie von irgendwo nach Hause gehen müssen, rufen Sie eine Person Ihres Vertrauens an und sagen Sie, dass Sie sich nun auf den Weg machen. Oder rufen Sie die Person an, von der Sie sich verabschieden, wenn Sie zu Hause angekommen sind. So ist es möglich, dass die informierte Person nach Überschreitung der üblichen Gehwegzeit die Polizei benachrichtigt.

Wenn Sie sich auf dem Weg nach Hause von einer Person bedroht fühlen, wechseln Sie die Straßenseite. Danach beobachten Sie, was passiert. Wechselt die Person auch die Straßenseite? Dann wechseln Sie eben erneut die Straßenseite. Folgt Ihnen die Person dann wieder, sollten Sie Maßnahmen zur Verteidigung ergreifen (Person ansprechen, ggf. andere in der Nähe befindliche Personen ansprechen, Hilfe über Handy herbei holen o.ä.).

Sind Sie im Auto im Stadtverkehr unterwegs, verriegeln Sie die Türen. So vermeiden Sie, dass plötzlich die Fahrer- oder Beifahrertür geöffnet wird und Sie ungebetenen Besuch erhalten.

Aber, wie bereits an anderer Stelle erwähnt, es gibt keine Patentlösung. Jeder Fall ist anders gelagert. Man kann den Ernstfall nicht proben, weil man im Ernstfall natürlich aufgeregt ist, Angst hat und sich in einer absoluten Stresssituation befindet.

Im Straßenkampf gibt es keine Regeln und demzufolge auch keine Fairness. Es ist also alles erlaubt.

Wie Sie sich im Ernstfall verteidigen können, lesen und sehen Sie im nun Folgenden.

Schocktechniken

Die direkte Abwehr eines Angriffs und ein Gegenangriff könnte manchmal problematisch werden durch die kräftemäßige Überlegenheit des Angreifers. Daher empfiehlt es sich, den eigenen Gegenangriff stets mit einer „Schocktechnik" bzw. Ablenktechnik einzuleiten.

Das bedeutet, dass man den Angreifer von der eigenen Haupttechnik ablenken muss. Dies geschieht, indem Sie den Angreifer z.b. anschreien. Der sogenannte „Kiai" (Kampfschrei) verfolgt mehrere Ziele. Zum einen dient der Schrei der bedrohten Person, um die eigene Angst abzubauen, die in einer solchen Stresssituation zweifellos besteht. Zum anderen irritiert der Schrei den Angreifer für ca. 1-2 Sekunden. Diese geringe Zeitspanne müssen Sie nutzen, um die eigene Abwehrtechnik „an den Mann zu bringen". Ein weiterer Effekt des „Kiai" kann – je nach Situation und örtlichen Gegebenheiten - sein, dass umstehende Passanten auf die Situation aufmerksam werden und gegebenenfalls sogar Hilfe leisten. Darauf sollte man sich allerdings nicht verlassen, denn oftmals sehen sich Passanten das Geschehen lediglich aus sicherer Entfernung an. Aber wenn Sie dieses Buch sorgfältig durchgearbeitet haben, benötigen Sie auch keine Hilfe, denn Sie werden imstande sein, die Situation allein zu Ihrem Vorteil zu klären. Weitere „Schocktechniken" oder „Ablenk-techniken" sind z. B. ein Tritt vor das Schienbein des Täters, ein Tritt auf dessen Fuß, usw.

Körperhaltung zum Angreifer

Es ist ungünstig, dem Gegner frontal gegenüber zu stehen, weil man damit die größtmögliche Angriffsfläche bietet.

Besser ist es, sich seitlich zu positionieren, um die Angriffsfläche möglichst gering zu halten.

Manchmal hat man vielleicht nicht die Gelegenheit, sich seitlich zu stellen. Auch wenn Sie dem Angreifer frontal gegenüber stehen sollten, gibt es einige Körperhaltungen, aus welchen sowohl ein Angriff als auch eine Abwehr bzw. Verteidigung möglich ist.

Auf diesem Foto ist zu sehen, dass das Gewicht auf dem hinteren Bein lastet. Daher kann man mit dem vorderen Bein Fußtritte ausführen.

Mit dem linken Arm kann problemlos ein Schlag zum Kopf oder Körper abgewehrt werden, als Gegenangriff bietet sich z. B. ein Fußtritt an.

Weiterhin ist es von Vorteil, das eigene Körpergewicht einzusetzen, um den Wirkungsgrad der eigenen Technik zu erhöhen. Dies soll am Beispiel des Schubsens verdeutlicht werden. Im ersten Beispiel wird eine Person nur mit dem Arm ohne Einsatz des Körpergewichts geschubst.

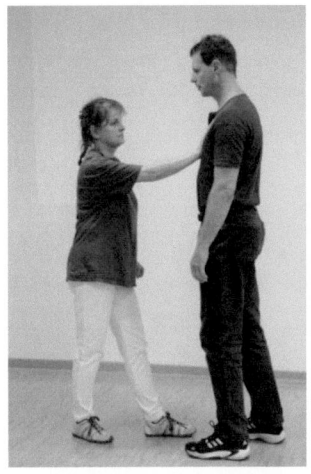
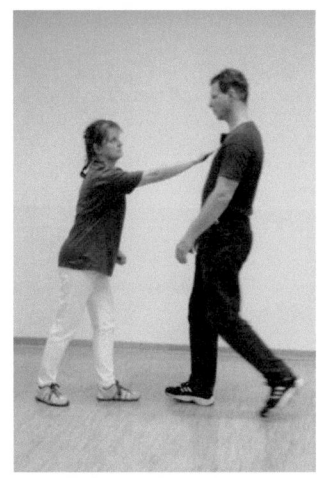

Beim zweiten Beispiel hingegen wird das eigene Körpergewicht beim Schubsen mit eingesetzt. Man kann deutlich sehen, dass hierbei die Wirkung wesentlich höher ist.

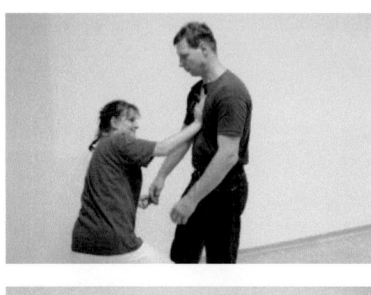

Verteidigung gegen Belästigung

Nachstehend werden einige Techniken zur Verteidigung gegen
Belästigungen gezeigt. Diese Techniken sind relativ
ungefährlich, jedoch sehr wirkungsvoll.

Daumenhebel

Dies ist eine Abwehr gegen Fassen am Revers. Der Daumen
des Angreifers wird „gehebelt" bzw. gequetscht. Das
geschieht, indem Sie mit Zeigefinger und Daumen das zweite
Glied des Angreifer-Daumens umfassen und
zusammendrücken. Die Spitze (das erste Glied) des Daumens
wird nach hinten, in Richtung Handgelenk des Täters gepresst.

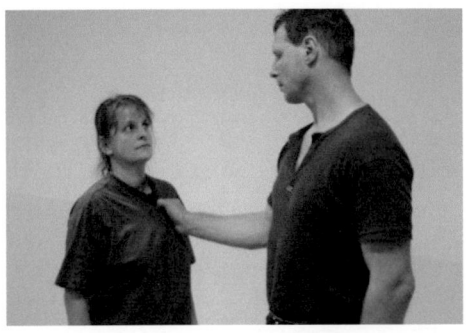

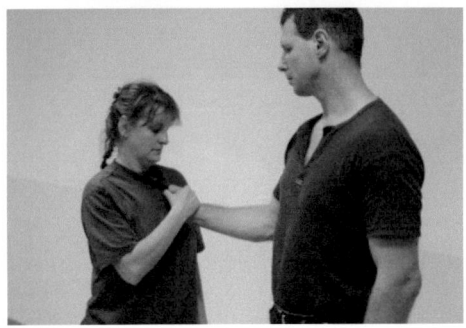

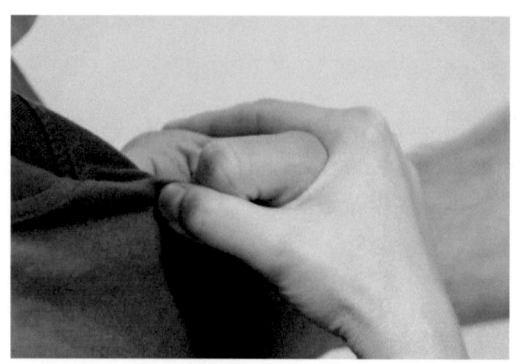

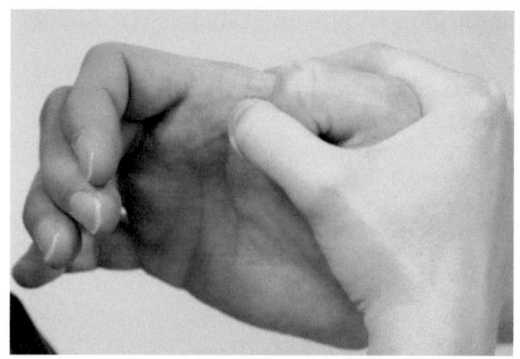

Mehrfach-Schienbein-Tritt

Dem Angreifer auf den Fuß oder vor das Schienbein treten.
Dies kann auch im Rahmen einer Kettenreaktion erfolgen, d.h.
erst wird ein Tritt gegen das eine Schienbein des Belästigers
durchgeführt. Wenn dieser dann vor Schmerz einen Schritt
zurückweicht, erfolgt ein weiterer Tritt gegen das andere
Schienbein des Täters. Daraufhin wird dieser wieder einen
Schritt zurückweichen, dann folgt der nächste Tritt wieder
gegen das Schienbein des vorderen Beins usw. Auf diese
Weise kann man den Angreifer vor sich hertreiben, bis dieser
die Flucht ergreift.

Fingerstich in die Luftröhre

Eine andere sehr wirksame Methode ist es, den Angreifer mit Zeige- und Mittelfinger in die Luftröhre (Mulde unterhalb des Kehlkopfs) zu stechen und ihn zurück zu schieben.

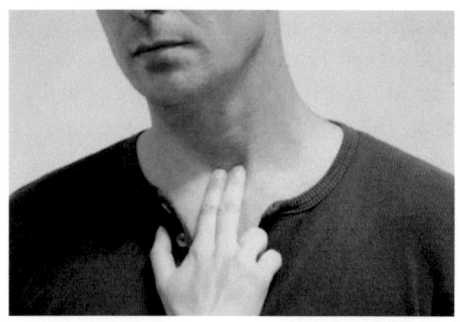

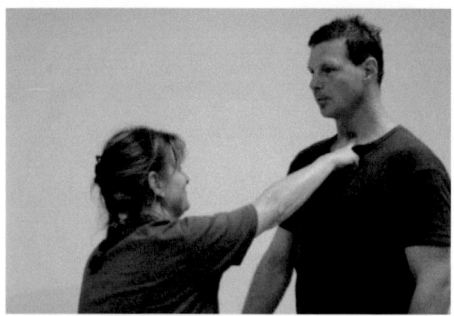

Die Faust

In der Selbstverteidigung ist es unerlässlich, dass sowohl zur Abwehr eines Angriffs als auch für den eigenen Gegenangriff eine Faust geballt wird. Zur Verdeutlichung ist die korrekte Faustbildung und –haltung nachfolgend erläutert.

Die geöffnete Hand wird vom kleinen Finger beginnend eingerollt. Zuletzt wird der Zeigefinger eingerollt. Der Daumen wird anschließend vor die Finger gelegt, um ihn vor Verletzungen zu schützen. Der Daumen befindet sich auf keinen Fall in der Faust, da dies zu Verletzungen des Daumens oder der Gelenkkapsel führen kann.

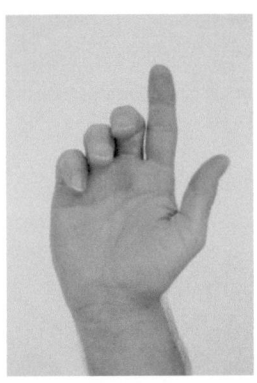
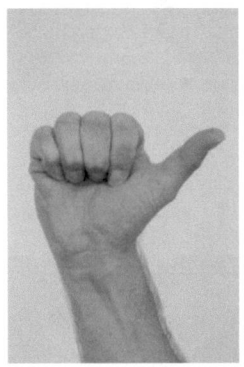

Der guten Ordnung halber sei erwähnt, dass üblicherweise die Schlagfläche bei einem Fauststoß die beiden am stärksten ausgebildeten Knöchel sind, nämlich die Knöchel von Zeige- und Mittelfinger.

Da es – wie im theoretischen Teil bereits erwähnt – in der Selbstverteidigung (bzw. im Straßenkampf) keine Regeln gibt, ist es im Ernstfall sekundär, womit Sie treffen. Hauptsache Sie treffen.

Sie können Fauststöße üben an weichen Gegenständen, z.B. Kissen, Sofa, Matratze oder ähnlichem. Wer bereit ist ein paar Euro zu investieren, kann sich selbstverständlich auch einen Boxsack oder ein Schlagkissen („Makiwara") im Sportgeschäft kaufen.

Die Abwehr

Die Abwehr mittels Unterarmblock ist eine der häufigsten Abwehrtechniken. Aus diesem Grund wird im Folgenden näher darauf eingegangen. Die Erfahrung zeigt, dass Frauen manchmal dazu neigen, die Abwehr durch Unterarmblock zu seicht bzw. zu schwach auszuführen. Damit ist gemeint, dass die Abwehr wirkungslos ist und der Angriff sein Ziel erreicht. Aber dies soll ja gerade verhindert werden. Die Abwehr eines Schlages (ein Unterarmblock) muss also konsequent und mit der gleichen Kraft wie ein Gegenangriff ausgeführt werden. Am besten geht das, indem die Hand zur Faust geballt wird. Das hat zur Folge, dass die Unterarmmuskulatur angespannt ist, im Gegensatz zur Unterarmabwehr mit offener Hand. Hierbei ist die Muskulatur des Unterarms locker. Es ist also wesentlich wirksamer, auch bei Abwehrtechniken vorher eine Faust zu machen.

Die entstehenden Kräfte beim Aufprall der Arme des Angreifers und der Verteidigerin sind so enorm, dass es durchaus zu Verletzungen kommen kann. Diese Verletzungsgefahr wird durch die Fausthaltung und die dadurch angespannte Muskulatur reduziert.

Einige Varianten der Unterarmblocks sind nachstehend zu sehen.

Unterarmblock nach oben

Unterarmblock zur Mitte von außen nach innen

Unterarmblock nach unten von außen nach innen

Verteidigung gegen Schlag zum Kopf (Schwinger/Ohrfeige o.ä.)

Sie stehen dem Angreifer in seitlicher Verteidigungshaltung gegenüber und haben die Hände bereits zu Fäusten geballt. Die Abwehr erfolgt idealerweise parallel, d.h. wenn der Angreifer mit seiner rechten Hand angreift, wird der Angriff mit dem linken Arm abgewehrt (Unterarmblock nach oben). Unmittelbar danach erfolgt der Gegenangriff mit einem Fauststoß zur Nase (Nasenbeinfraktur) oder zum Kinn. Sofort danach folgt ein Fußtritt in die Genitalien. Daraufhin ist der Gegner kampfunfähig. Die Abwehr und der Gegenangriff sollten mit Kampfschrei (Schocktechnik) ausgeführt werden. Die Reihenfolge der beiden Gegenangriff-Techniken ist selbstverständlich austauschbar. Es kann also auch zuerst der Fußtritt in die Genitalien und danach der Fauststoß ausgeführt werden.

Verteidigung gegen Fassen am Ärmel bzw. an der Schulter

Der Angreifer fasst Sie am Ärmel. Die Verteidigung beginnt mit einem Schlag in den Bizeps des Angreifers (dieser Schlag wird mit dem Arm ausgeführt, an dessen Ärmel angefasst wird). Danach legen Sie Ihren Arm von oben in den Ellenbogen des Angreifers. Anschließend wird ein Arm- bzw. Ellenbogenhebel ausgeführt, indem Ihr Arm nach vorn bewegt wird. Gleichzeitig wird mit dem Fuß ein Fußtritt am Bein (Kniekehle oder Wade) des Angreifers angebracht. Der Angreifer geht zu Boden. Es folgen weitere Fußtritte und Faustschläge, mit welchen der Angreifer kampfunfähig gemacht wird.

Eine weitere Möglichkeit ist es, den eigenen Arm nicht von oben auf den Ellenbogen des Angreifers zu legen, sondern ihn von unten anzusetzen. Ihre Hand bewegt sich zur Schulter des Angreifers. Entscheidend für Erfolg oder Misserfolg bei dieser Technik ist hierbei, dass Sie Ihren Arm hinter dem Ellenbogen des Angreifers ansetzen (aus Sicht der Verteidigerin). Dadurch kommt ein Armhebel zustande. Dabei wird gleichzeitig die Hand des Angreifers mit der anderen eigenen Hand fixiert um zu verhindern, dass der Angreifer diese loslässt und sich somit dem Gegenangriff entzieht. Der Angreifer beugt seinen Oberkörper nach vorn ab, um den Schmerz des Hebels zu mildern. Sie führen daraufhin einen Fußtritt wahlweise zum Oberkörper oder zum Gesicht des Angreifers aus.

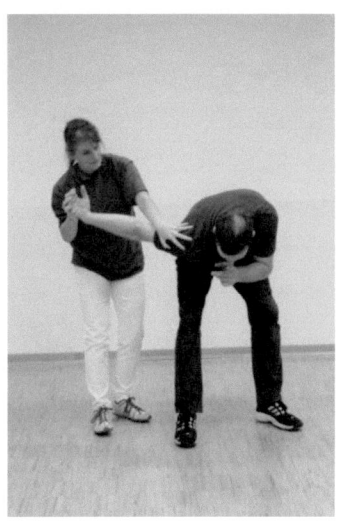

Verteidigung gegen Würgen

Würgen von vorn

Beim Würgen von vorn ist die Distanz zum Angreifer sehr kurz. Im Allgemeinen würgt dieser mit angewinkelten Armen, da man auf diese Weise mehr Kraft ausüben kann als mit gestreckten Armen. Durch die kurze Distanz wird die Verteidigung erleichtert. Zuerst wird ein Kniestoß in die Genitalien ausgeführt. Gleich darauf folgt ein Angriff in das Gesicht des Angreifers. Entweder ein Fingerstich in die Augen oder ein Schlag mit dem Faustballen auf die Nase des Angreifers. Dieser Schlag hat einen Bruch des Nasenbeins zur Folge. Damit ist der Angreifer kampfunfähig. Ein Nasenbeinbruch löst starke Schmerzen aus und blutet sehr stark. Es kann jedoch noch wahlweise zusätzlich – um sicher zu gehen – ein Ellenbogen- oder Fauststoß zum Kopf ausgeführt werden.

Würgen von hinten mit gebeugten Armen

Hierbei besteht der Nachteil, dass Sie den Angreifer nicht
sehen. Sie müssen also versuchen, durch Schock- bzw.
Ablenkungstechniken Ihre Verteidigung vorzubereiten. Daher
führen Sie zunächst Fußtritte nach hinten aus mit dem Ziel,
den Fuß oder das Bein des Angreifers zu treffen. Es werden
zeitgleich Ellenbogenstöße angewendet. Der Angreifer wird
daraufhin den Würgegriff lockern. Dies nutzen Sie, um mit
einer Hand einen oder zwei Finger des Angreifers zu fassen
und ruckartig zur Seite zu bewegen um eine Fraktur herbei zu
führen. Damit können Sie den Würgegriff lösen, sich drehen
und zur Verteidigung wieder Fauststöße, Ellenbogenstöße oder
Fußtritte anwenden.

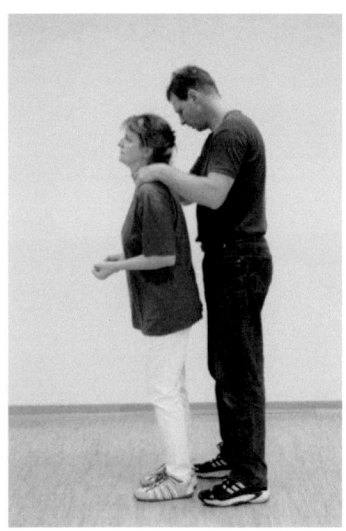 

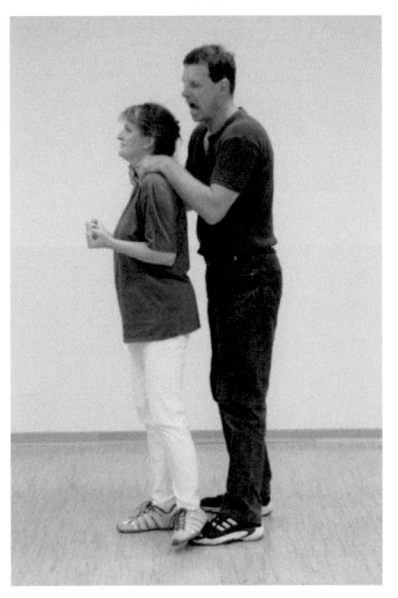 

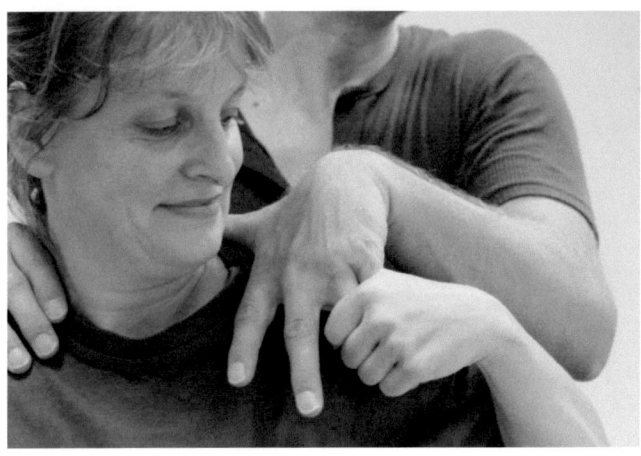

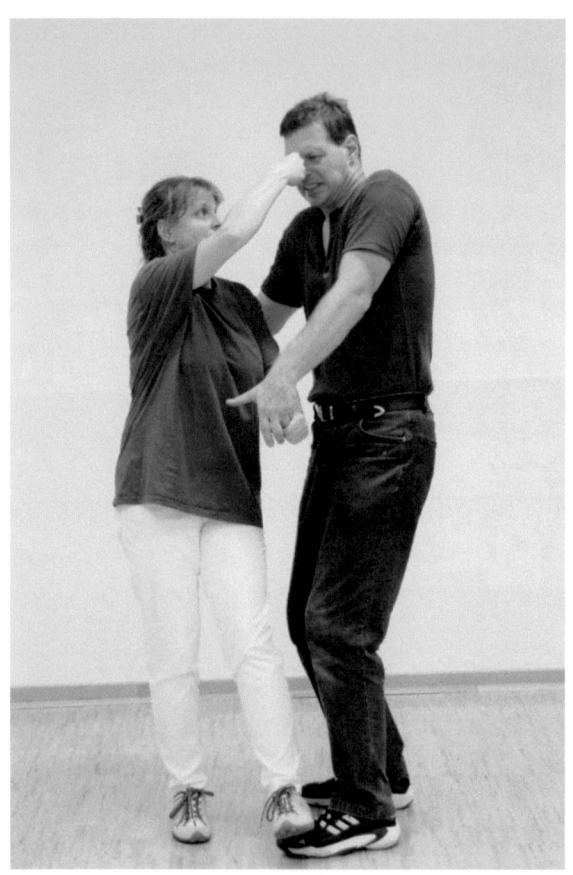

Würgen von hinten mit einem Arm

Bei diesem Angriff ist die Distanz so kurz, dass als erste
Verteidigungstechnik ein Kopfstoß nach hinten ausgeführt
werden kann. Danach folgen wieder Fußtritte auf den Fuß
bzw. gegen das Schienbein des Angreifers. Anschließend
werden wieder ein bis zwei Finger gefasst und damit wie
bereits erwähnt durch ruckartiges Ziehen der Würgegriff
gelöst. Zum Abschluß erfolgen wieder Fauststöße und
Fußtritte.

Verteidigung gegen Schwitzkasten

Diese Verteidigung kann angewendet werden gegen sowohl den Schwitzkasten von vorn als auch von hinten. Auch hier ist die Distanz wieder so kurz, dass problemlos ein Faustschlag in den Genitalbereich ausgeführt werden kann. Mit der anderen Hand können Sie den Angreifer zuvor in den Oberschenkel kneifen, als Ablenkungstechnik. Nach dem Schlag in die Genitalien fassen Sie wieder einen oder zwei Finger des Täters und brechen diese, indem Sie die Finger ruckartig zur Seite ziehen. Auf diese Weise befreien Sie sich erfolgreich aus dem Schwitzkasten. Es müssen auch hier wieder – zur eigenen Sicherheit – Fußtritte und Fauststöße folgen, um den Angreifer mit Gewissheit kampfunfähig zu machen.

Schwitzkasten von vorn:

Schwitzkasten von hinten:

Verteidigung gegen Umklammerung

Umklammerung von hinten unter den Armen

Ein Kopfstoß nach hinten ist die erste Technik zur Befreiung aus der Umklammerung. Danach folgen Fußtritte, gleichzeitig schlagen Sie mit der Faust auf die Hände des Angreifers. Dann lösen Sie den Griff, durch ruckartiges zur Seite ziehen eines Fingers oder zweier Finger. Nachdem Sie sich aus dem Griff befreit haben, werden als Gegenangriff Fußtritte und Faustschläge ausgeführt.

Umklammerung von hinten über den Armen

Zuerst erfolgen wieder ein Kopfstoß nach hinten und Fußtritte.
Danach wird die Umklammerung gelockert, indem Sie
ruckartig eine „Reiterposition" einnehmen. Das heißt, das
Gesäß wird nach hinten bewegt, und die Arme werden nach
vorn ausgestreckt. Anschließend wird die Umklammerung
gelöst durch die bereits mehrfach erwähnte Fraktur der
Finger/des Fingers des Angreifers. Danach wieder Fußtritte
und Fauststöße beim Angreifer anbringen.

Umklammerung von vorn unter den Armen

Hier kann ein Kopfstoß nach vorn zum Kopf des Angreifers ausgeführt werden. Alternativ können Sie mit den Fingern bzw. Daumen in die Augen des Angreifers stechen. Auch ein Faust- oder Faustballenschlag auf die Nase ist sehr wirkungsvoll. Ein Kniestoß in den Genitalbereich gehört auch hier zum Pflichtprogramm. Ellenbogenstöße zum Kopf des Angreifers sind hier ebenso effektiv. Daraufhin wird der Täter von selbst die Umklammerung lösen.

Umklammerung von vorn über den Armen

Hier bleibt zunächst nur die Möglichkeit, einen Kopfstoß zum Kopf des Angreifers auszuführen. Daran sollte sich ein Kniestoß in die Genitalien anschließen. Zur Vorbereitung dessen ist es sinnvoll, Fußtritte/Fußstöße gegen das Schienbein des Angreifers auszuführen.

Verteidigung in der Bodenlage

Bei aller Vorsicht und Umsicht kann es dennoch passieren, dass Sie in die Bodenlage geraten. Dies kann verschiedene Ursachen haben. Sei es, dass Sie stolpern oder vielleicht auch vom Angreifer zu Boden geschubst, gezerrt oder geworfen werden. Wie dem auch sei, die Situation ist trotzdem nicht aussichtslos. Es gibt auch in der Bodenlage, der scheinbar schlechteren Position, zahlreiche Verteidigungstechniken. Sie alle hier aufzuführen würde den Rahmen des Buches sprengen. Daher sind nur einige ausgewählte Techniken beschrieben.

Zunächst ist es wichtig und entscheidend, sich in die Rücken- bzw. Seitenlage zu bringen, damit man den Angreifer im Blick behält und geeignete Maßnahmen zur Gegenwehr ergreifen kann. Stützen Sie sich auf einem Unterarm ab und halten den Angreifer mit Fußtritten auf Distanz. Sofern erforderlich, können Sie durch Drehen auf die andere Körperseite die Position verändern. Oder auch durch Drehen auf dem Gesäß.

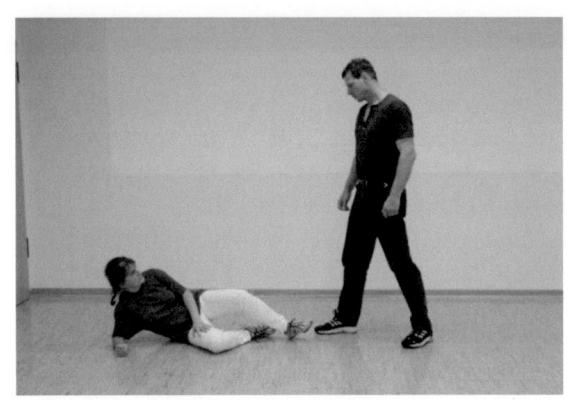

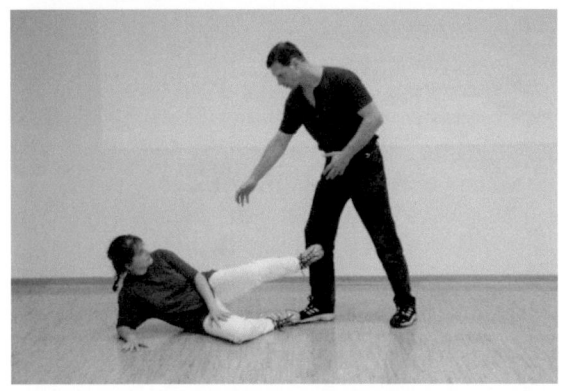

Wenn dies nicht mehr möglich ist und dem Angreifer gelingt es, Sie zu fassen, versuchen Sie, ein Bein (Unterschenkel) zwischen sich und den Angreifer zu bringen, um damit eine gewisse Distanz herzustellen. Der Angreifer ist nun so nah, dass Sie dessen Gesicht angreifen können, z.b. mit Faustschlägen, Ellenbogenstößen oder mit Fingerstich in die Augen. Anschließend fassen Sie die Haare oder die Schulter des Täters und ziehen ihn unter Zuhilfenahme des Oberschenkels zur Seite. Ihr Oberschenkel wird von der waagerechten in die senkrechte Position gebracht. Durch diese Hebelwirkung ist es leichter, den körperlich schwereren Mann zur Seite zu reißen.

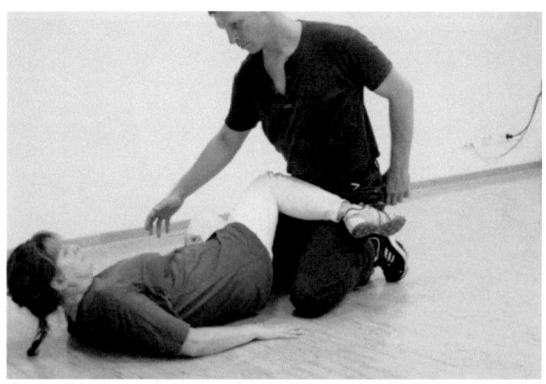

Die nun folgende Technik beschreibt den Fall, dass es Ihnen nicht mehr gelingt, ein Bein zwischen sich und den Angreifer zu bringen. Der Angreifer befindet sich nun zwischen Ihren Beinen und beugt sich über Sie. Hier wird nun eine sogenannte „Nierenschere" angesetzt. Dies bedeutet, dass Sie die Beine um die Hüften des Mannes schlingen und überkreuzen. Sodann strecken Sie die Beine ruckartig. Dies hat zur Folge, dass die Nieren des Angreifers gequetscht werden, was sehr schmerzhaft ist. Die Nierenschere allein reicht allerdings nicht zur Verteidigung aus. Es müssen noch Faustschläge zum Gesicht des Täters angebracht werden (siehe vorherige Technik). Sofern es die Situation erlaubt, kann auch ein Schlag auf den Kehlkopf ausgeführt werden, welcher allerdings u.U. den Tod des Angreifers zur Folge hat. Falls Sie die Beine nicht um den Bauch des Angreifers bekommen, sollten Sie so oft wie möglich mit den Fersen in die Nieren des Angreifers treten.

Fußtritte

Man unterscheidet den Fußtritt nach vorn, zur Seite und nach hinten. Alle Fußtritte beginnen in gleicher Weise. Bei der Ausführung eines Fußtritts ist es natürlich wichtig, das eigene Gleichgewicht zu behalten und nicht umzukippen. Deshalb werden vor dem Tritt die Knie leicht gebeugt, das senkt den Schwerpunkt und sorgt für einen sicheren Stand. Das Bein wird angehoben, bis sich der Oberschenkel in einem Winkel von ca. 90 Grad zum Körper befindet. Die Zehen werden hoch gezogen.

Ausgangsposition für alle Fußtritte:

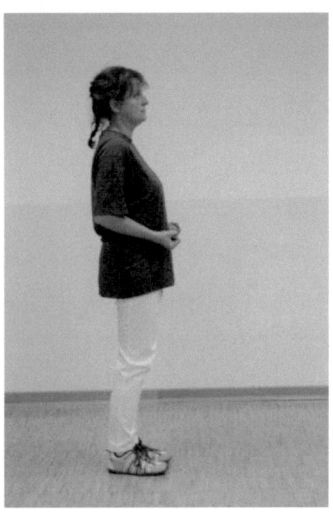 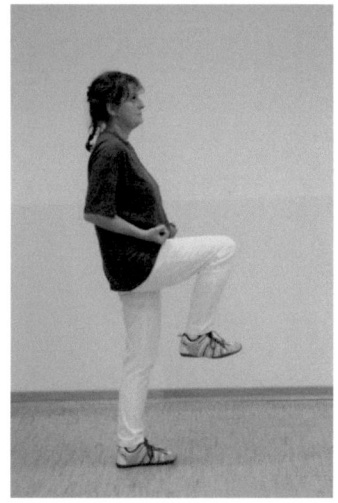

Beim Fußtritt nach vorn wird nun aus dieser Position das Bein nach vorn gestreckt. Der Fußballen wird ebenfalls nach vorn gestreckt, während die Zehen nach hinten angezogen werden. Man tritt also nicht mit den Zehen zu, sondern mit dem Fußballen. Nun wird der Fuß wieder in die Ausgangsposition zurück gezogen und zwar deshalb, damit der Gegner den Fuß nicht fassen kann. Denn wenn der Angreifer den Fuß oder das Bein fassen kann besteht die Möglichkeit, dass er Sie aus dem Gleichgewicht bringt. Außerdem geben Sie unnötiger Weise Ihren sicheren Stand auf. Erst nach dem Heranziehen des Fußes in die Ausgangsposition wird dieser wieder auf dem Boden abgesetzt.

Für den Fußtritt zur Seite wird das Bein seitlich ausgestreckt. Die Trittfläche ist der Außenrist. Zum leichteren Üben können Sie sich als „Eselsbrücke" merken, dass bei der Ausführung des Tritts die Ferse etwas nach vorn gebracht und die Zehen bzw. die Fußspitze nach hinten gezogen wird. Auch nach Ausführung dieses Seitwärtstritts wird das Bein wieder in die Ausgangsstellung gebracht (ungefähr 90 Grad Winkel) und erst danach abgesetzt.

Der Fußtritt nach hinten wird auch aus der 90-Grad-Position angewendet. Die Trittfläche ist diesmal die Ferse, d.h. die Zehen werden in Richtung Knie angezogen. Ein wesentlicher Faktor ist selbstverständlich die Blickwendung nach hinten. Schließlich müssen Sie ja sehen, wohin Sie treten. Auch hier wird das Bein vor dem Absetzen auf dem Boden zunächst wieder in die 90-Grad-Position gebracht.

Der sogenannte „Lowkick" wird nicht gerade (wie bei den
Tritten nach vorn, seitlich, hinten) getreten, sondern im Halb-
oder Viertelkreis. Die Trittfläche ist der Spann. Getreten wird
vorzugsweise in die Kniekehle, gegen die Wade oder den
Oberschenkel des Täters.

Abwehr gegen Fußtritte

Es gibt verschiedene Möglichkeiten, einen Fußtritt abzuwehren. Nachstehend sind einige Abwehrtechniken erläutert.

Sie befinden sich in Verteidigungsposition. Die Hände sind zu Fäusten geballt, so dass die Armmuskulatur angespannt ist.

Abwehr von außen nach innen

Durch eine Seitwärtsbewegung des Körpers wird dem Fußtritt ausgewichen. Der Fuß bzw. das Bein wird mit dem Unterarm durch eine Seitwärtsbewegung von außen nach innen zur Körpermitte abgewehrt.

Abwehr von innen nach außen

Die Abwehr wird wieder mit dem Unterarm ausgeführt und zwar diesmal von innen nach außen. Es besteht hier auch die Möglichkeit, unmittelbar nach der Abwehr des Fußtritts mit dem Unterarm das Bein des Angreifers in der Ellenbogenbeuge aufzunehmen, um dessen Gleichgewicht ins Wanken zu bringen. In jedem Fall sollte ein Fußtritt in die Genitalien die Aktion abschließen. Um sicher zu stellen, dass der Angreifer kampfunfähig ist, sollten Faustschläge auf Nase oder Kinn des Täters folgen.

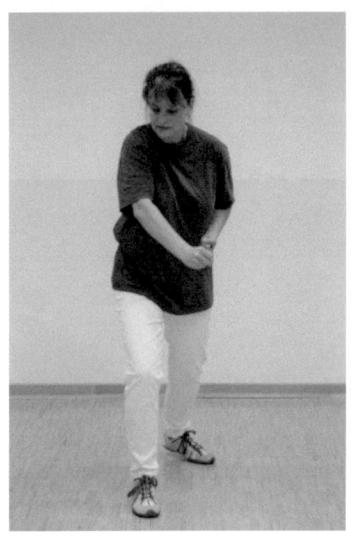 

Abwehr mit dem eigenen Bein

Die folgende Abwehr erfordert zum einen ein gewisses Maß an Übung und zum anderen ein geschultes Auge. Den Fußtritt wehren Sie nicht mit dem Arm ab, sondern mit dem Bein. Die Schwierigkeit besteht darin, den richtigen Zeitpunkt für die Abwehr abzupassen.

Das Bein wird in einem Winkel von ca. 90 Grad angehoben und mit einer Halbkreisbewegung nach außen geführt. Der Fuß wird gleich wieder abgesetzt. Unmittelbar danach erfolgt der obligatorische Fußtritt in den Genitalbereich des Angreifers. Da die Distanz zum Täter kurz ist, sollten Sie auch hier die Kampfunfähigkeit des Angreifers sicherstellen, durch weitere Faust- bzw. Ellenbogenstöße und/oder zusätzliche Fußtritte.

Danksagung

Etliche Freunde und Bekannte haben mich bei der Entstehung und Verwirklichung dieses Buches mit Rat und Tat unterstützt.

Ich bedanke mich sehr herzlich bei:

Peter Denk
für die vielen Tipps und Infos, das Lektorat, die Geduld und für sein unerschöpfliches EDV-Wissen, mit welchem er mir oft auf die Sprünge half.

Maribel Guzmán Neira
für die Übersetzung dieses Buches in Spanisch

Valerie Herrera
für die Übersetzung dieses Buches in Englisch

Detlef Sundermann
für die vielen Tipps und Infos und für die Fotos inklusive Fotobearbeitung.

Birgit Tron
für die vielen Tipps und Anregungen

Einen ganz besonderen Dank verdient meine Frau Marion dafür, dass sie sich als Verteidigerin bei den Fotos zur Verfügung gestellt hat, für das Lektorat und für ihre grenzenlose Geduld.

Ohne Eure Hilfe wäre dieses Buch nicht zustande gekommen. Ihr seid echte Profis! Danke!

Kontakt zum Autor

Wer mit Jens Müller in Kontakt treten möchte, um Tipps, Anregungen, Lob oder Kritik loszuwerden, kann dies tun unter

Hajime-Selbstverteidigung@gmx.de

Weitere Infos erhalten Sie auch auf der Homepage

www.Hajime-Selbstverteidigung.de

Für Ihre Notizen